AF341014

ORDONNANCE
DV ROY,
SVR
LE REIGLEMENT ET
ORDRE QVE DOIT TENIR
l'Infanterie.

Auec l'inſtruction pour donner le Morion
aux Soldats manquans à leur deuoir
eſtans en garde, & les cauſes pour
leſquelles ils le doiuent auoir.

A PARIS,
Chez Anthoine Chalonneau, vis-à-vis de la
Fontaine du Palais.

M. DC. XX.

ORDONNANCE DV ROY,

SVR LE REIGLEMENT ET Ordre que doit tenir l'Infanterie.

E Roy Henry II. apres la prise de Boulongne, recognoissant & approuuant l'Ordre qui auoit esté tenu en vn si long siege, demanda au sieur de Chastillon, qui faisoit la charge de Colonnel de l'Infanterie Françoise, quels preceptes il auoit tenu pour maintenir les Soldats en leur deuoir: Et luy commanda mettre par escrit les Ordonnances qu'il auoit dressées pour cet effect, & les ayant communiquées à Messieurs les Connestables & Mareschaux de France, & autres grands personnages, les fit verifier és Cours où il estoit besoin de seruir de Loy à l'aduenir, en forme qui ensuit,

PREMIEREMENT.

QVe les Capitaines ne suborneront les Soldats les vns des autres, ny les receuront en leurs compagnies, sans auoir congé par escrit du Capitaine qu'ils laisseront, sur peine d'estre priuez pour ce mois de leur estat, appliquable au Capitaine d'où ils partiront, auec obligation de les rendre & renuoyer à leurs Enseignes.

Apres la monstre faicte, le Capitaine ne pourra donner congé au Soldat qu'il n'aye seruy le mois, & le Soldat qui partira sans congé par escrit, sera passé par les picques ou arquebuzes, selon les armes qu'il porte: & en demandant congé auec occasion trois iours auant la fin du mois, le Capitaine sera tenu luy donner & signer, autrement luy sera commandé par le Colonnel ou maistre de Camp, à qui le soldat aura recours.

Quand les bandes deslogeront de lieu à autre, le Soldat ne pourra changer ne abandonner son Capitaine, sur peine, si c'est dans le mois, d'estre passé par les armes, & si c'est à la fin, sera mis l'espace d'vn mois en prison, & incapable de pouuoir estre receu de nul Capitaine trois mois apres.

Les armes que le Soldat aura jouées seront confisquées à son Capitaine, & les pourra prendre où il les trouuera, estans perduës, tant pour celuy qui les aura jouées, que pour celuy qui les gaignera, & si sera mis le perdant en prison huict iours.

Le Soldat qui vendra ou engagera ses armes, elles seront confisquées à son Capitaine, ainsi que dessus.

Le Soldat qui faudra à la faction sans licence de son Capitaine, ou autre excuse legitime, sera passé par les armes.

Le Soldat qui ne se trouuera aussi promptement à vne alarme, ordonnance, ou autre affaire, comme son Enseigne, sera passé par les armes.

Le Soldat qui sans excuse legitime abandonnera

le guet, efcoute, ou autre lieu où fon Sergent l'aura
mis, fera paffé par les armes.

Le Sergent Majeur fera obey des Capitaines Officiers & Soldats, en ce qu'il commandera en fon
office, & ce fur peine, fi c'eft du Capitaine ou Officiers, d'eftre punis arbitrairement du Colonnel : fi
c'eft Soldat, de demander pardon au Roy, au Colonnel, au Sergent Majeur, deuant toutes les compagnies, & eftant defpoüillé & defgradé de toutes
armes, banny des bandes.

Celuy qui iniuriera le Sergent Majeur, en faifant
fon office, fi c'eft Capitaine fera puny arbitrairement par le Colonnel, & fi c'eft Soldat, fera paffé
par les armes.

Les Capitaines facent chacun en leurs bandes
que tous Soldats obeiffent à leurs Sergents & chef
d'efquades, à leurs offices, fans les iniurier, fur peine, fi l'iniure eft verbale, de luy demander pardon
deuant toutes les bandes, & fi elle eft de faict, d'eftre
paffé par les armes.

Le Soldat qui en guerre donnera cry d'vne nation
fera paffé par les armes.

Quand vne querelle furuiendra entre deux ou
plufieurs, nul, s'il n'eft Capitaine ou Officier, n'y
pourra porter aucunes armes que fon efpee, fur peine de confifcation d'icelles, & de punition à l'arbi-
trage du Colonnel.

Si vn Capitaine ou Officier de Bande furuient à
vne querelle, & qu'il trouue quelque Soldat ayant
l'efpée au poing, & foudainement pour les departir
criera, ceux qui ont mis l'efpee au poing, ne pourront plus tirer nuls coups à peine d'eftre paffez par
les armes.

Le Soldat qui a querelle à vn autre ne pourra s'accompagner, sur peine que luy & ceux qui l'accompagneront, feront paſſez par les armes.

Le Soldat qui de guet à pant meſchamment & auec aduantage, tuera ou bleſſera quelque autre, fera paſſé par les armes.

Le Soldat qui ſans legitime occaſion dira iniure : qui touche l'honneur d'vn autre, ladite iniure & hôte retournera à luy meſme, & luy fera declaré deuât tous ſes compagnons.

Quand vn Soldat auec aduâtage en aura fait deſdire vn autre, de quelque choſe, le Capitaine à qui fera l'aſſaillant fera demander pardon à l'aſſailly, eſtant la deſdite nulle, & ledit aſſaillant banny des bandes.

Le Soldat qui ſans iuſte occaſion démentira vn autre, fera mis en la place publique, & enſeigne deſployée, & teſte nuë demandera pardon au Colomnel & à celuy qui l'aura deſmenty.

Le prouoquateur d'vne querelle ſans legitime occaſion, perdra le camp & les armes.

Le Soldat qui dônera vn ſoufflet à vn autre, pour moindre occaſion que d'vn démenty, en receura vn autre de celuy à qui il l'aura donné, en la preſence du Colonnel, ou du Maiſtre de Camp, & fera banny des bandes.

Quand deux ſoldats auront vne querelle, ſe retireront à leurs Capitaines, qui regarderont à les accorder, leſquels en communiqueront au Maiſtre de camp, & s'ils ne les pourront appointer, feront entendre le taict au Colonnel, pour en ordonner la raiſon.

Quand vn Soldat refuſera de payer à vn autre ce

qu'il doit, le crediteur se retirera au Capitaine du debteur, qui le fera payer aux monstres, sans venir par voyes de question, sur peine arbitraire.

Nul Soldat ne pourra presenter nul cartel à vn autre, sans licence du Colonnel, sur peine d'estre degradé des armes & banny des bandes.

Le Soldat qui outrage vn autre, ou desgaignera sur luy luy estant en guet, ordonnance, ou faction, sera passé par les armes.

Celuy qui mettra les mains aux armes dedans les villes ou places de garde, perdra le poing publiquement.

Le Soldat qui en combatant perdra ses armes laschement, & qui se rendra sans grande occasion, sera banny des bandes, & incapable de iamais porter armes.

Le Soldat ne lairra aller prisonnier de guerre sans le dire à son Capitaine, qui en aduertira le Colõnel, sur peine d'estre condamné selon sa qualité.

Le Soldat qui en assaut, ou prinse de place ne suiura son Enseigne, pour s'amuser à saccager, ou autre profit apres la place prinse, sera deualié, desgradé & banny des bandes.

Le Soldat qui desrobera biens d'Eglise à la guerre ou autrement, sera pendu & estranglé.

Le Soldat ne pourra parlementer, ne auoir conoissance à Trompette, Tabourin, ny autre des ennemis sans le congé de son Capitaine, ne Capitaine sans congé du Colomnel.

Celuy qui forcera femme ou fille sera pendu & estranglé.

Celuy qui destroussera viuandiers ou marchands les nostres, sera pendu & estranglé.

Le Soldat qui entrera ou sortira d'vne place de garde, ou autre lieu, que par les passages ordinaires sera passé par les armes.

Le larron de boutique sera pendu & estranglé.

Le Soldat qui pipera au jeu, ou desrobera les armes d'vn autre, sera pendu & estranglé.

Le Soldat qui blasphemera le nom de DIEV en vain sera mis en place publique au carquant par trois iours, trois heures à chaque fois, & à la fin d'iceux teste nuë demandera pardon à DIEV.

Quand l'Enseigne marchera par les champs le Soldat ne l'abandonnera pour aller en fourage ou autre lieu sans congé de son Capitaine, sur peine d'estre passé par les armes.

Nul Soldat ne pourra iniurier n'empescher le Preuost des bandes ou ses gens sur peine de la vie.

Quand le Colomnel demandera le Soldat delinquant, celuy qui le recelera, ou sera fuir, sera puny au lieu du fugitif.

Tout Capitaine trouuant vn Soldat faussant les susdites Ordonnances, le pourra punir & chastier, autant d'autre compagnie que de la sienne, sans en pouuoir estre reprins de personne.

Tous lesquels Articles d'Ordonnance cy-dessus inserez, Nous voulons estre entendus generalement, & particulierement pour les Capitaines & pour les Soldats, à la discretion du Colomnel. Donné à Blois le 20. iour de Mars, l'an de grace 1550. à Pasques, & de nostre Regne le quatriéme.

INSTRVCTION

INSTRVCTION
POVR DONNER LE
MORION AVX SOL-
dats manquans à leur deuoir
estans en garde.

*Auec les causes pour lesquelles ils le
doiuent auoir.*

PREMIEREMENT.

POVR vn démenty au corps de garde l'on doit donner à vn Soldat le Morion de dix en bas.

Qui mettra l'espée à la main plus proche du Corps de garde que la longueur d'vne picque, l'aura aussi de dix en bas.

Qui pettera, ou iurera le Nom de DIEV au corps de garde, & en pissera plus pres que la longueur d'vne picque aura les honneurs.

Qui tirera son arquebuze sans congé de son Caporal, ou qui entrera en garde sans munition de balle & pouldre, & tiendra son arquebuze non chargée & esmorchée, aura aussi les honneurs.

Qui deschaussera ses souliers tous deux à la fois

pour se chauffer, qui s'en ira sans congé, aura aussi les honneurs.

Qui fera quelques indignitez aux armes, ou maniera celles de son compagnon sans le congé de son Caporal, aura aussi les honneurs.

S'ensuit la forme qu'on tient pour donner le Morion.

PRemierement, Celuy auquel on veut donner le Morion doit eslire son parrain tel que bon luy semblera pour luy donner, pourueu qu'il soit de l'escoüade.

Le parrain doit demander permission au Caporal de le donner, & que les fautes qu'il y pourroit faire luy soient pardonnées.

Le parrain doit desarmer celuy auquel il doit donner le Morion, & luy mettre vne halebarde en la main, & sur la pointe d'icelle mettre le chappeau de celuy qui doit auoir le Morion: puis prendra vne arquebuze, & l'ayant en la main dira fort haut, Messieurs l'on vous fait à sçauoir que le Morion se va donner. *Et apres auoir quitté son chappeau, & auoir esueillé ... les Soldats qui dorment, si aucuns sont, commencera en ceste forme.*

Premierement fera le signe de la Croix sur la crosse de l'arquebuze, puis la baisera & fera baiser à celuy qui doit auoir le Morion, & commencera en ceste forme à frapper sur le derriere ou deuant des ...lles d'iceluy, pour chaque parole vn coup.

Honneur à DIEV, seruice au ROY, Salut aux ar-

mes, Paſſe Morion, Morion paſſera, ton cul le payera, ſi tu n'euſſe point offenſé, ton cul ne l'euſt point
payé. Voila pour la nique, voila pour la noque, voila pour celuy qui le toque, & celuy qui le toquera
Dieu le garde de mal. Voila pour toy, voila pour
moy, le tout pour toy, & rien pour moy : & le tout
pour le ſeruice de Dieu & du Roy: Han, plan, mon
compagnon m'entens-tu bien ? ſi tu ne m'entens
ton cul le ſent.

Suis-ie pas ton parrain ? *Faut que le Soldat reſponde,*
Ouy.

Le Parrain eſt tenu de remonſtrer à ſon fillou iuſ-
ques à l'aage de ſept ans, & demy ma tàte, & au bout
des ſept ans, le grand Diable emporte le fillou, &
Dieu garde de mal le Parrain.

Pour les mieux ſçauoir, il les faut conter, 1. 2. 3. 4 5
6. 7. & demy. Et de 7. à 6. & de 6. à 5. & de 5. à 4. & de
4. à 3. & de 3 à 2. & de 2. à 1. tu n'en auras plus qu'vn,
& d'vn ambigu: Et pauure cul que feras-tu ? & tant
tu ſeras aujourd'huy battu, ſi tu n'euſſe point offenſé le Corps de garde, ton cul n'euſt point eu ſur ſa
barbe.

Hep, double hep, ſentinelle, fais tu bon guet ? *La*
ſentinelle doit reſpondre, O ie beau temps qu'il faict.
Faut demander, Combien paſſe-il de cheuaux ? *La ſen-*
tinelle reſpondra, Pour le moins dix. *Leſquels il faut*
conter les vns apres les autres, comme deſſus.

Celuy qui donne le Morion doit dire tout hault. On
vous fait à ſçauoir que les honneurs ſe vont donner, *Et doit commencer:*

Voila pour le Roy à qui Dieu doint bonne vie,
ſanté & proſperité, & toute benediction demeure
eternellement ſur luy. Voila pour la Reyne. Voi-

la pour la Reyne sa tres-honorée Dame & Mere.
Voila pour Monsieur le Duc d'Anjou frere du
Roy. Voila pour Mesdames les sœurs, &c.

L'on peut nommer après tous les Princes par
leurs noms, tous les Officiers de la Couronne, tous
les Mareschaux de France, puis faut nommer le
Chef du Regiment soubs lequel la Compagnie
marche, & puis faut nommer le Sergent Major
puis les trois Capitaines de la compagnie dont est
ledit Soldat, les Sergens, Caporal, & Lance-passade
de l'esquade dont est ledit Soldat, & pour tous les
bons compagnons, il n'y en a pas vn d'eux qui desire faire la faute qu'auez faite. *Après auoir dit le nom
de celuy qu'on desire nommer, faut dire à la fin,* Voila
pour luy à qui Dieu doint bonne vie, passe la remie, & la remie passera, & ton chien & puant de cul
le payera, si tu n'eusse point offensé le Corps de garde, ton chien & puant de cul n'eust point eu sur sa
barbe, voila pour toy, voila pour moy. le tout pour
toy, & rien pour moy, le tout pour le seruice de
Dieu & du Roy.

Fin des Honneurs.

S'ensuit le Morion de dix en bas.

Premierement, il faut demander à celuy auquel
on doit donner le Morion s'il est Gentilhomme ou soldat, s'il luy responde qu'il est Gentilhom-
& seldar dau mesme, On luy dira qu'vn Gentilhomme doit auoir douze chiens courans, & pour le
mieux sçauoir il les faut conter, 1.2 3. &c. & retour-
ner de 12. à 11. & de 11 à 10. & de 10. à 9. & de 9. à 8. &c

de 8. à 7. & de 7. à 6. & de 6. à 5. & de 5. à 4. & de 4. à
3. & de 3. à 2. & de 2. à 1.& tu n'en auras plus qu'vn,
paſſe la remie, & la remie paſſera, & ton chien &
puant de cul le payera, Si tu n'euſſe point offenſé le
Corps de garde, ton chien & puant de cul n'euſt
point eu ſur ſa barbe.

Il luy faut quatre leuriers. *Les conter, & finir comme deſſus.*

Il luy faut deux baſſets, *& les conter, & finir comme deſſus.*

Il luy faut quatre aſpigneux, *& les conter, & finir
comme deſſus.*

*Le parrain luy doit demander s'il a beaucoup de che-
uaux à l'eſcurie, la ſentinelle ou autre du corps de garde
reſpondra,* Il faut pour le moins dix cheuaux, *& les
conter, & finir comme deſſus.*

Il luy faut dire, Il faut pour le moins quatre oiſeaux de chaſſe à vn Gentilhomme comme vous,
& les conter, & finir comme deſſus.

Il vous faut deux chienneriers pour gouuerner
vos chiens, *& les conter, & finir comme deſſus.*

Il vous faut deux fauconniers pour gouuerner
vos oiſeaux, *& les conter & finir comme deſſus.*

Il vous faut trois palefreniers pour penſer vos
cheuaux, *& les faut conter, &c.*

Vn Gentilhomme d'honneur, de bonne part &
de bonne famille, riche comme vous, doit auoir
pour le moins deux pages & quat. claquais, qui ſont
ſix, & pour le mieux ſçauoir *il les faut conter, & finir comme deſſus.*

Il vous faut vn Maiſtre d'Hoſtel, deux Gentils-
hommes, vn Secretaire, & vn valet de chambre,
qui ſont cinq, & pour les mieux ſçauoir *Il les faut*

conter, &c.

Il vous faut vn cuisinier, & deux souïllons de cuisine, qui font trois, *Il les faut conter, &c.*

A la fin faut que le parrain die, O que c'est vne belle qualité que d'estre Noble, tout le monde n'en a pas tant comme vous, passe la remie, la remie passera. Han compagnon fais-tu bon guet? *La sentinelle respond ou autre Soldat:* O le beau temps qu'il fait.

Il faut que le parrain demaude combien il y a de tours en la maison noble: S'il respond qu'il n'y en a point, il faut qu'vn de la compagnie responde qu'il a veu la maison de Monsieur, & qu'il y a quatre tours, vn rauelin, & sur chacune tour vne guerite, qui sont en nombre de huict, lesquels il faut conter & finir comme dessus.

Fin pour la Noblesse.

Pour vn qui se dict estre Gentilhomme pour les armes qu'il porte, & Soldat pour la vie.

IL luy faut demander quelles armes il porte: S'il respond qu'il porte vne arquebuze, il luy faut demander quelle arquebuze: s'il respond qu'elle est à roüet, il faut conter tous les auis du canon.

Premierement voila pour le Canon. Voila pour le fuz, voila pour la roüe, voila pour la platine, voila pour l'arbre, & consecutiuement de toutes les pieces de l'arquebuze.

Pour vn qui a vne arquebuze à méche.

Il luy faut aussi nommer toutes les pieces de l'arquebuze.

Il faut luy demander combien il a de charges de poudre. S'il respond qu'il n'en a que deux : Le Parrain luy doit remonstrer qu'vn Soldat comme luy doit auoir pour le moins six charges de poudre. Vn soldat de la compagnie pourra lors luy offrir & dire qu'il a à son seruice demie douzaine de charges de pouldre : & pour le mieux sçauoir, il faut le tout conter & finir comme dessus.

Il faut que le Parrain luy demande combien il a de brasses de mesche, s'il respond qu'il n'en a que six, il faut le laisser là, & pour les mieux sçauoir, *les faut conter, &c.*

Il luy faut demander combien il a de balles, s'il respond, deux ou trois, il faut qu'vn soldat de la compagnie die qu'il en a vne douzaine à son seruice, & les conter & finir comme dessus.

Apres le Parrain dira, ayant finy pour l'arquebuze, balles & mesche.

Voila pour ton espec, voila pour la poignee, voila pour la garde, voila pour le pommeau, voila pour la riueure (vous sçauez qu'il faut qu'elle soit riuee, car si elle n'estoit riuee elle ne tiendroit pas) voila pour le fourreau, voila pour le bout, voila pour l'espingle qui tient le bout, voila pour les pendants, voila pour les boucles, voila pour le guidon, voila pour la ceinture, voila pour les boucles & ce qui dépend de la ceinture, voila pour toy, voila pour moy, tout pour toy, rien pour moy, & tout pour le seruice de DIEV, & du Roy, si tu n'eusse point offensé, ton cul ne l'eusse point payé.

Pour vn qui porte la Hallebarde, faut dire,

Voila pour le casser, voila pour la hampe, voila

pour les quatre bandes, voila pour le crochet, voila
pour la lame, voila pour le clou qui paſſe au trauers
vous ſçauez qu'il y en faut vn, y en a-il vn en la vo-
ſtre ? Voila pour tous les cloux, & s'il eſt beſoin,
nous les conterons.

Et doit le Parrain dire à celuy qui reçoit le Morion.

Et mon amy il y a deux mille en parade qui ne
ſçauent pas que tu es icy. Paſſe Morion, Morion
paſſera, ton cul le payera, ſi tu n'euſſe point offenſé dans le Corps de garde, ton chien puant de cul
n'euſt point eſté battu.

Finis coronat opus.